BIISIT 2

Runoja

Kustantaja: BoD - Books on Demand,

Helsinki, Suomi

Valmistaja: BoD - Books on Demand,

Norderstedt, Saksa

ISBN: 978-952-80-7088-7

ELLA
Tytön keskiarvo koulus
Kasi piste nolla
Harrastuksena
voimistelu permannolla
Silti välituntisin
ei häntä huomaa kukaan
Ei pyydä leikkeihin
yhteenkään mukaan.
Ei edes opet kysy
vaikka kuinka viittaa
Yhä enemmän tuntuu
ettei kukaan musta piittaa
Olo on ku oisin näkymätön haamu
Miten raskaalta tuntuu
jokainen kouluaamu.
Eikä vanhemmat huomaa mitää
Pienenä tyttönä
yhä mua vain pitää
-Meil ei oo ongelmia
sillä siisti
Kun reksi siitä kysyi
Ne kaiken kiisti.
Isä sanoo:
-Pääasia kun on hommia
Mä voin rakennella
huoneessani kaikes rauhassa
vaikka pommia
Ei ketään kiinnosta
Mitä mulle kuuluu
Kuka mä ees oon

Voisin olla kuollut
kuulun krematorioon.
Mä vihaan itteeni
enemmän ku ketään
Voisin Ihan yhtä hyvin
tutustua vaikka namusetään
Ei mun katoamista
edes huomais muutkaan
Ei kukaan kysyis
niin mistä sä tuutkaan.
En oo kenellekään tärkee
Harvoin yhtään missään
on järkee.
Kun mun puhelin
ei koko ajan piippaa
Ei kukaan huoli
ystäväkseen tällaista riippaa.

LOHTU
Ikkunasta katson
Yö pimeä
Tää on tunne
jolle ei oo nimeä
Muistelen ystäviä
jotka liian aikaisin lähti
taivaalla loistaa enää
yksinäinen tähti
sekin varmaan sammuu pian
En riitä vaik löytäisin syyn vian
Täällä kaikella on aikansa
Se tekee kipeetä
Et meille määrätty aika
kuluu liian ripeetä.
Lapset jo kohta nukkuvat
viskilasiin mun muistot hukkuvat
Miten me silloin ja silloin
nuoruus oli suden turkissa
lampaan villoin
Nyt jo odotellaan ikälisiä
monesta meistä tullut äitejä
isiä.
Mä kaipaan teitä joilta sai tukea
Mutsia faijaa kun en ees
osannu pukea
Frendejä joille uskoin salaisuudet
keisari sai vaatteet ihan uudet

Mä kelpasin teille ittenä ihan
futismatsit kiivaat takapihan.
Vaimo etsii mua katseella
ei vaadi selitystä
Se tekee parhaansa
vaik ei aina riitä ymmärrystä
Mut se oli elämä ennen sua
Kun et vielä ees tuntenut mua
Enhän mäkään voi tuntea
kipua sun puolesta
kantaa murhetta
sun jokaisesta huolesta.
Jokaisella on omansa
vaik pariskuntia ollaan
Istun yksin hetken keloja
nollaan.
Mut en oo yksin mul on sut
Koko elämäs muhun tutustut
Rakkaus on vaan yks matka
vaik meit on kaksi
Ihmisenä tulemista paremmaksi.
Lapsi herää
havahdun todellisuuteen
Oon kiitollinen
teidän kans käyn aamuun uuteen
Suukotan sun pientä otsaa varovasti
sormet etenee kampana hiuksia harovasti.
En oo onneks yksin täällä
käsi varovasti pääsi päällä.

Äidin pieni Tyttö

Makaa tajuttomana
Sairaalan osastolla
Selviämisprosentti on
aina vaan nolla
Tippapullo mahaletku
happee niukasti
Mut pieni käsi pitää
elämästä kiinni tiukasti.
Lapsi vaipui koomaan
Oli nokkakolarissa
Jatkossa kuntoutus
eri laitoksissa
Pyörätuoli elämää
äiti yhä pelkää
Kun ei muuta keksi
silittää tytön selkää.
Äiti ei oo uskovainen
silti ristii kädet
Kun heräät
Haen kanttiinista jädet
Suklaata sun lempparia
eikö niin
Pian päästään huvipuistossa
laitteisiin.
Heräthän pian
En oota vastausta sulta
Äidin oma kulta.
Kyynel valuu
äidin poskea pitkin

Isäs hautajaisissa näin
viimeks itkin.
Parane pian
Tule takas,
Rakas.

Lapsi kuoli syntyessään

En ehtiny antaa nimeekään
Ei ollu valoo eikä pimeekään
En muista
Osaaottaville sanoin:
Ei juttu luista
Sairaalan ikkunasta katsoin
tyhjyyteen
Oon olematon, mä teen mitä teen
Mä kätken mun surun siihen toiseen elämään
Joka meitä ilman jatkuu paljon pidempään
joka on ku musta aukko
jonne mahtuu mitä vaan
Tän tuskan kokoista
tuskin kuitenkaan.
Ruoka ei maistu
Nielen kyyneleitä
Poisnukkuneet
Ajattelen teitä
Muutan pois, kiristelen vöitä
Pakenen oloa, teen ylitöitä.
Puristan rattia niin kovasti
muhun sattuu, ihan tajuttomasti
Sua ilman mulla ei oo suuntaa
en näe enää itteeni, en edes ton puun taa
Keinutelineen myin, leikkimökin joku haki
Käykö nyt toteen se Murphyn laki
Mut en oo tehny kärpäsellekään pahaa
Istumaani oksaa alannu sahaa.
En tästä yksin selvii, mä tiedän

Kipua, vihaa jonku aikaa vielä siedän
Mun pitää hakee apua
näkymätön lapsi
mun sydäntä kohti kapua.
Auta mut takas elämään
ihan sun muiston vuoksi
Toises elämäs olit poika
joka mun syliin juoksi.
Mä puhun sulle niinku olisit vielä tässä
Liian pitkiä hyvästejä jättämässä
Mä oon niin rikki, Cittaris huudan pahaa oloo
Kaikki katsoo, eikö tää oo jo noloo
Mut en mä piittaa, mä haluun vaan sut takas
Hyvästi nyt, hyvästi rakas.
Sun näkymättömästä kädestä päästän
vähäiset muistot sydämeeni säästän.

PROSTITOITU AINO

Eka kerta meni niin
että leukaan tuli tikki
Pari kertaa jälkeenpäin
kortsukin on mennyt rikki
Se tikki tuli siitä ku
asiakas hakkas
En soittanu kyttiä
kun pelkäsin et nyt
tää mun toiminta lakkas.
Olen mitä haluut
päätä sä
Brunette blondi pinkki
Se kaikki olen mä
Tekoripset silikonit
Botox huulet
Olen kaikkea mitä haluut
tai ees luulet.
Mulla on myös omat
sivut jotka netistä löytää
Tuun ihan mielelläni
vaik syntisten pöytää
En oo ajatellu koskaan
lapsia hankkii
neki rahat pistän
mieluiten Hummerin tankkii.
Tietysti juttu on eri

jossai Aasian mailla
ja oot jatkuvasti
puilla paljailla
Sutenöörit käyttää sun
köyhyyttä hyväks
Kokonainen sato
muuttuu siellä riisinjyväks
Joudut pitää 24/7
pystyssä sitä lafkaa
Muuten kulkukoirat
saa susta kadulla safkaa.
Mun ylpeys ei kärsi
kun tienaan niin hyvin massii
eri asia niillä joil omaisuus
mahtuu muovikassiin
Tai niillä jotka tuodaan
tänne konteilla
Niitä kuolee ku kärpäsiä
kun ne pyörii muiden tonteilla.
En mä häpeä tai kadu tätä
Ota tai jätä
Riippuu susta mitä elämältä
haluut
Elätkö sossun tuilla
Vai maksatatko kaiken muilla
Vai kahdeksasta neljään
se perinteinen tarina
joka maanantai aamuna
vitunmoinen marina.
Kyl mä tiedän että tää

mun juttu ei kestä ikuisesti
että loppujen lopuks
tää on aika lyhyt pesti
Ei kenenkään naama
säily ikinuorena
sehän se paska juttu onkin
ku mua pidetään pelkkänä
kuorena.
Mut on mullaki tunteita
Mut ei aikaa rakkaudelle
Tai kelle
Mä sopisin
kun mussa on tää puoli
Eihän kukaan huoraa
puolisokseen huoli.

VIRTUAALI MINÄ
Mä kaipaa frendejä
joil ei oo enää numeroa
nimeä
joiden ikkunaruutu on
aina vaan pimeä
Anonymiteettinä piilos somes
Kun kysyn jotain: no mes.
Kohta meidät tuntee vain
viivakoodista
Ku virtuaalisesti ollaan
kaikki samasta moodista
Naamakirja kertoo ootko
paikalla vai kalassa
mut ite persoona pysyy
tiukasti salassa.
Sä voit luoda feikkiprofiilin
kertoo et leikkasit siilin
vaik oikeesti oot pitkätukka
sulkeutunu arka ihmisrukka
Keräät peukutuksia saadaksesi nimeä
mut entä sit kun on näyttöruutu pimeä.

TÄÄ PIENI TYTTÖ leikkii
aina yksin
Ei oo kavereita
Ne ei ymmärrä
kun tyttö saa melttareita
Tahtoo pitää
keltaisia kumppareita
joka säällä
Onnex et ehkä tajuu
miten yksin oot täällä.
Ikuinen koulukiusattu
Mut silti sinne joka
päivä meet
sua syljetään haukutaan
silti kaiken kiltisti sä teet
Miten toivonkaan että
sulla helpompaa ois
Mut rehtori kääntää
vain katseensa pois
Kun kysyn Miks
-Ei voi mitään ja just siks.
Luokkalla pidetään sua
pellenä ihan
Mut mikä voi
sytyttää tällaisen vihan
erilaisuutta kohtaan
Et pitää syrjiä ja lyödä
Vaik oot kiltti ystävällinen
ja annat omat evääskin syödä
Eikö ne tajuu että
ehkä ikinä puhumaan opi

Oot se tyyppi jolle kaikki sopi
kun et vastaa
Et osaa polkupyörää ajaa
Eikä muiden pilkas oo mitään rajaa.
Miksei vanhemmat opeta lapsille
muiden kunnioitusta
Ihan sama kun kyse ei oo mun skidistä
niin koko hommas ei oo mitään midistä.
Kerran sattu niin kun jäit auton alle
Kävikö pahasti ja sit huusin kuljettajalle.
Eihän tyttö voi soittaa apua paikalle
Miten se kertois siitä edes maikalle
Äidille joka odottaa kotiin lastaan
Se on nyt osastolla vastaan
Kaikki hyvin ei oo hätä
En mä sitä yksin sinne jätä.
Äidillä on niin monenlaista huolta
Sisäinen kompassi osoittaa sängys vain
lapsen puolta
kun katsoo suuntaa mihin
seuraavaks mentäs
Sinne mis ei oo taajuutta kentäs
Kuten äidin sylissä ihan
kun se tulee vastalle pihan
Äidin syliin vain lapsella on koordinaatit
Ne itekin muistan kun mua kouluun saatit
Äiti pysy aina tässä älä koskaan jätä
Tiedäthän etten mä halunnu sulle tätä
Että joudut valvoo on herkkä äänille metelille
Etkä pääse rikastuu, en tuoksu setelille
Mut rakastathan siitä huolimatta aina mua

Niinku mäki rakastan aina sua
Puhallan saippuakuplia oon mitä oon
Ja öisin hiivin turvaan sun kainaloon.

Hyvää Joulua
Äiti jättää itse syömättä
että riittää lapsille ruokaa
Ruoka-apuun vedoten
pliis safkaa aatoks tuokaa
Arki menee sillee
et lapset syö koulus
ja kaverillaan
Mut kaikki lomat menee
niin ettei mutsi pysty chillaan
Lapset antaa viikkorahansa
Et saadaan vuokra maksuun
Kun yh-mutsilla ei jää
mitään taskuun.
Pelastakaa Lapset
maksoi harrastukset
Niiltä sai joskus
jopa kouluun uudet sukset
Mut nyt ne ei enää auta
Poliitikon sanoin:
Töihin jumalauta.
Mut mutsi on
sairaseläkkeellä
Faija lähti vetään
Ei sukulaisia
auttajaa ketään
Joulupöydässä nuudelit
ja sikanautaa purkein
Joulu surkein.
Ei oo varaa käydä ees leffas

tai Heses
Kaverit leuhkii joka päivä
meses
Et jouluna tuli ainaki sata
pakettia
Onko sulla köyhä varaa ampuu
Uutena vuotena ees yhtä rakettia.
Ku mutsi sairastu
se ei hakenu lääkkeitä
Se vaan sanoi että
pakko ajatella meitä.
Että saadaan kaupasta
rankalaisia nakkeja
Ensi talvi vielä
pidetään viime talven takkeja.
Eihän meil oo samoja mahiksia
ku muilla
Koulukiusataan: nuo elää
sossun tuilla.
Kesällä jää taas Linnanmäki
näkemättä
Kun Lasu tarjoo mutsille
pelkkää lämmintä kättä.
Hyvää Jouluu
Kumpa ois ees kouluu
Et sais ees syödä
Ois jotain muutaki ku nyrkki
mitä pöytään lyödä
Niin joo
eihän meillä oo ees kuusta

vitut koko Joulukuusta.
Joulukalenterit muilla
Ei meillä jotka elää
sossun tuilla.

26

AATTO LASTENKODISSA
"Herra siunatkoon teitä ja varjelkoon teitä."
Mut kukaan ei
yöunille peitä.
"Herra valistakoon kasvonsa teille
ja olkoon teille armollinen."
Ai meille
Lastenkodin kasvateille
Et niinku työntekijät
Olis vähä niinku äiti ja isä siis
Älä viitsi pliis
Niillä on työajat
Kotona oottaa oma perhe
Huomiseen..terve
"Herra kääntäköön kasvonsa teidän
puoleenne
ja antakoon teille rauhan."
Just joo ja joululahjaks saa
punaisen rusettinauhan
Joka koristaa vaik nallen kaulan
Kuhan ny pukki ensi sen nallen tois
ois ees joku jonka kanssa nukkua vois
"Isän ja Pojan ja Pyhän Hengen nimeen."
Kuka jakaa kanssani huoneen pimeen.
Aattona tapaa tulla aina joku uusi
Ala nukkuu.. sulje suusi
"Levolle laske Luojani"
vai miten se meni
eteni
Joku hiljaa äitiä itkee
Pois sydämestä kitkee

Laitostut sopeudut
tai sitte et
karkailet
Ei se äiti tuu hakee sua
Ei mua.
"Isän ja Pojan ja Pyhän Hengen nimeen."
Kuka jakaa kanssani huoneen pimeen.

KATUJEN EVANKELIUMI

Väkivaltaiset jengit
Jotku perii velkoja
Pimeät kadut
lisää vain pelkoja
Minigrippipussi
päällä pari pamia
Onko kukaan nähnyt
pitkään aikaan Pikku-Samia?
Se oli jäänyt Subutexkoukkuun
ja sammunut johonkin huumeloukuun
Ne epäilee et jengi
sen kylmäks päästi
yhteiskunta taas veroäyrejä säästi
kun on yksi nisti vähemmän
joka luuli tietävänsä
kaman kanssa hyvin
pärjäävänsä.
Mut ei tää näin mee
Eikä yhteiskunta
yhtään mitään tee
Niin kauan kun
kamassa liikkuu iso raha
siihen kytkettyy väkivalta
ja kaikki vitun paha.
Jos huumeet ei maksais
yhtään mitään
Pikku-Samikin ois saanu
henkensä pitää.
Ei surevia vanhempia

Ei riittämättömyyttä
Eikä kukaan ois kuollut
täysin syyttä.
Kyllä Mexicossa on
muitakin töitä
Siellä diktatuurihallitus
on vaan kiristänyt vöitä
et perhe elätetään
valmistamalla kamaa
sukupolvesta toiseen
aina vaan samaa
Kukaan ei uskalla sanoo
Nyt mulle riitti
palkkana huono omatunto
hiv hepatiitti.
Kohta on konekiväärit ovella
Äidillä imeväinen povella.

OMAISHOITAJA

musta tuli mun lapsen omaishoitaja
Musta tuntuu ettei kukaan
oo mun tukena
Sossu täti sanoi
täs on tukiseteli
Näin miten se
viivoja paperiinsa veteli
Siinä kaikki
mitä sanottavaa tästä
Ei tuntunut et ois
kyse mun lapsen
arvokkaasta elämästä.
Kyynelet valuu mun
poskea pitkin
Tää on jo toka kerta
kun viime aikoina itkin
Eka kerta kun
vammaistuki myönnettiin
Tuntui et samal mun
lapsi yhteiskunnasta
ulos työnnettiin.
Tiedän etten oo ainut
mut ei se mua lämmitä
ettei täs suos yksin rämmitä
Mut silti on ihan vitun
paha olla
aivan kun mun skidi
ois täys nolla.
Joskus herään siihen

et vihaan maailmaa
Ettei kukaan täällä
riittävästi rakkautta saa
Meidät lokeroidaan
jo taaperosta asti
Kuka on normaali
Kuka liian raskas lasti.
Tähän törmää jo
päiväkodeissa
Kun jo siellä
Oot muiden silmätikkuna
Toi vispaa käsiä
puhuu höpöjä
Älä mee ton lähelle
ettei tuu samoja pöpöjä.
Ja sama juttu koulussa ihan
Rinki muodostetaan luo
koulun pihan
Siellä syljetään hakataan
Ei tykätä erilaisista
Otat vaan turpaan
Ja hasta la vista.
Siks nää mun kyyneleet
ymmärrät varmaan
Sun ainoa toivos
on luottaan Karmaan
Että paska saa palkkansa
Ja sillä siisti
Kun tää mulkero
mun lapselta ihmisarvon riisti.

NEPSYILLE
Tarvit apuu
Sut syötän puen
iltasadun luen
Suukon otsaan annan
Sua sydämessäin kannan
Näe kauniita unia pieni
Oot totuus ja tieni.
Päiväkodissa puheterapia ja
syömisen haasteet
Kun ei kelpaa porkkana
Eikä juustoraasteet
Mut kyl se pikkuhiljaa siitä
Ja muista että aina ruoasta
kiitä.
Koulukyyti oli vaikea saada
Mulle sanottiin että älä heti
kuppia kaada
Se menee sillee ettei sun
kannata pyytää vaan vaatia
Mitä tarvitkin lista niistä laatia.
Nepsy-lapsi herää öisin
monta kertaa
Ihan turhaa tilannetta
muihin vertaa.
Musta tuli omaishoitaja
että lapsi parasta hoitoa saa
riittävästi aktiviteettia toimintaa
Meitä on siunattu lapsella tällä
Elän niin et kaikki on parasta hällä.
Tää on nepsy arkea

Tiesit sen
Yhtäkään päivää mä
vaihtais en.
Tää on teille autistiset
Adhdeeet ja kaikki siltä väliltä
Vanhemmat hei
Te riitätte
Lasta viä myöhemmin kiitätte.

SYNTTÄRIT
Tytön synttärit
mut ei ketään tullut
Vanhemmat tuomitsee
nepsyt ja hullut
Eihän vammaisten
kanssa haluu leikkiä kukaan
Siksi niitä ei kutsuta
juhliin mukaan
Kun et osaa puhuu
oot eriarvoinen
Kelpaat vaan ku
oot samanlainen
Kakku jääkaappiin
leikkaamalla jää
Ikimuistoinen on
synttäripäivä tää
Mikään lahja ei
tätä korvaa riitäkään
Onnex on vanhemmat
joillakin ei niitäkään.
Äiti antaa suukon
Isä Legopaketin
synkkä tunnelma
murtaa tunneraketin
Mitä mus on vikana
kun kavereita ootin
meille ihan sikana.
Tyttö pyyhkii
niin hauraat kyynelet
Eivät suosikkeherkut

edes maistuneet
Äiti halaa
Joskus kaikki on toisin
Ne viä sanoo kumpa
ton kaveri olla mä voisin.

VAMMAISTUKI

Välil oon epävarma
Enkä tiedä mitä teen
Yritän parhaani
katon eteen
Musta näkyy läpi
se mitä mietin
kuinka monta unetonta yötä
sun vierelläsi vietin
Ku olit aivan pieni
mä valitsin tieni.
Oli aikoja istuin keittiössä yksin
Kokosin paloja kirjeestä Tyksin
Kyllä siinä oikein luki
Teille on myönnetty vammaistuki
Annoin katseen harhailla
Söin suruuni, täytyin Fazerin parhailla
Kyyneleeni kestohymyllä voitin
mies olla koitin.
Nyt menee paremmin
On pyykit narulla
Elämä menee eteenpäin tavalla karulla
Hyvästi työt, talot ja lomat
Kaukoputkesta näkyy Jupiter Mars
Supernovat
sanot
Kun lisäaikaa peliin anot.
Omaishoitajaksi en kuvitellut tulla
Oli ihan eri suunnitelmat silloin mulla
Joskus kadehdin elämää muilta
Kun en nähnyt vielä metsää puilta

Aattele ne ei käy koskaan sossussa
Ei likatahraa reikää tossussa.
Silti kaikki unohtuu kun tuut mun kaulaan
Laitan sen biisin et alat taas laulaan
Mä tsemppaan
hyvä isä olla koitan
Onnistun jos sut puolelleni voitan.
Joskus mietin sinne meni ansio
Jäljelle jäi pelkkä kuvakansio
melttarit melatoniini
unettomuus josta on vaikee saada kiinni
Katson kaukoputkesta ulos
Mikä on kaiken tarkoitus lopputulos
Mut meni miten meni
kerään itteni
Koko universumista erotan
mun tyttäreni.
"Minä suojelen sinua kaikelta"
Muistatko sen biisin
Oon elämäs läpi mennyt melkosen kriisin
Mut tohon lauluun voin helposti yhtyä
isäksi tullaan siihen ei voi vaan ryhtyä
Et oo ainut
On muitakin
Niinku avaruudessa on kuitakin
Kiipeä olkapäille niin näät
Turhaa murehdit että yksin sä jäät.

LAPSI ODOTTI KOULUN EDES
silmät vedes
Ei äiti tuu
mut hakee joku ihan muu
Lastensuojelusta aattelin
Kun kaveria kotimatkalle saattelin
Mis äiti
Miks ei se soita
viä kerran yrittää ees koita.
En osaa puhua mut
ymmärrän kyllä tarvitsen tukee
Riittää jos joku
kommunikaatio kansiosta lukee
Mut mihin oot jäänyt?
Eikö voi loppua piina tää nyt.
Sit soitat sairaalasta
Mua pelottaa kuulla
ei oo väliä millään muulla
Että tuuthan äiti kohta takas
Se kalpeena sängyllä makas
Oli jäänyt auton alle
Eikä kukaan jäänyt ees paikalle
Joku onnex apua soitti
Pulssia koitti.
Onneksi äiti pääsee
takaisin kotiin pian
Lääkäri oli löytänyt vian
pari luuta poikki meni
-Ei hätää pieni kultaseni.
Äiti syöttää

vaihtaa vaipat pukee
Iltasadut vielä mulle lukee
Äiti pelkää et mut
otetaan huostaan
Kun en milloinkaan
tiedä koska pääsen
sun luo taas.
Mut nautitaan
ihan joka hetkestä täällä
Öisin pidetään telkkaria päällä
Pelottaa vähän
Kun jäädään sohvalle tähän.
Mua öisin välil janottaa
Äiti sit joutuu välillä sanottaa
Että rauhoitun
Vierelle sun
Ja jos pahaa unta nään
Sä lasket käden päälle pään.
Äiti rakas
Onnex tulit takas.

Hyvää yötä äiti

näe kauniita unia

oman kullan kuvia.

Anna vielä nalle

ethän mee tupakalle

jätä mua yksin pimeään

ku sängyn alta

möröt kyselee nimeään.

ERO

Äiti oli isälle katkera
Kun isällä oli muija uusi
Kerää jätkä luusi.
Ota mukaan poikaskin
Mä en sitä huoli
Mut tarinas on toinenki puoli:
Isä muuttaa kauas
Ja mun kaikki kaverit on täällä
Lepyttelin mutsia
joka oli pahalla päällä.
Siispä mutsille jäin
Toki olin allapäin
Kun faija lähti ihan tosta noin
Mut minkä mä sille voin
Mut mutsia käy surku
pelkään että siitä
tulee spurgu.
Se mustamaalas faijaa
puhu siitä pahaa
Ettei se anna lahjoja tai
koskaan rahaa.
Mutsi oli tosi katkera
kun ne eros sit viimein
Mä yritän kertoo teille tän tarinan
Ihan näin vain riimein.
Mutsi katkeroitui
Halusi iltapäivälehtiin
jutun tästä
kun ei edes nepsy-lapsi
estänyt faijaa lähtemästä.

Se on sun vika
mutsi syytti
Että ikuinen rakkaus
on vain pelkkä myytti
Että faija jätti
Ja mua se siitä sätti.
Mä oon äiti sun lapsi
Et sä mun
Todellisuuteen havahdun
Sun kuuluu pitää musta huolta
ja pitää mun puolta
Faija lähti no niin
Se jätti meidät kiipeliin
Mut nyt ei oo enää riitoja
pohjakosketuksia nousukiitoja
Meillä on kuitenki toisemme
Enempää me tuskin tarvitsemme.

ISÄ
Kun mä vien sut nukkumaan
Silittelen sun päätäs
Voitas olla täs ikuisesti
Niin et iha kahestaan jäätäs
Sä oot niin pehmeä
ku pumpulista
niinku vanhemmat kaikki sanoo
suloisin lapsista.
En mä löydä sanoja
jos joku sulta mut veis
Tahdon et ymmärrät
et vika ei oo meis
Mulle oot koko maailma
en mä haluu mitään muuta
isänä kaoottises galaksis
Kieli keskellä suuta.
Mulle sanotaan usein
oot pelkkä nolla
Ihan konkreettisella ajatustasolla
Mut ku nollan nostaa pystyyn
siitä oravanpyörä muuttui
jonka kyydistä autistinen
lapsi vielä puuttui.
Isä meidän
Anna niille anteeks
Jotka erehtyy pitämään
jalkapantaa rantees
Ettei lapsi oo taakka
Mä kannan sut elämäni läpi

lähes perille saakka
kunhan saan terveenä pysyä
muilta neuvoa kysyä
jos suuntani hukkaan
Ja kun tuuli tarttuu
mun harmaaseen tukkaan
Oon vierelläs ihan kuten tässä nyt
Oon ollu siitä lähtien kun oot syntynyt.
Miten kaunis oot
Näe kauniita unia rakas
Lähetän terkkuja ja sinne takas.

ONGELMAT
Mistä johtuu nuorten
ja lasten paha olo.
Miksi nuoret voi pahoin
Ku valtio kuristaa suppein
määrarahoin
Isot koulut isot ongelmatkin
Kiusaamista pelkoo
omat vaaratkin
että tulee syrjityks
väärinymmärretyks.
Et oo tärkee jos
sun puhelin ei piippaa
somen herjaavat
kommentit liian
läheltä liippaa
Et kyseessä on henkinen
väkivalta
Se alkaa tuntumaan jo tavalta
Kun sitä lapsi jatkuvasti kokee
Kun jengi sille sen surkeutta
hokee.
Myös sun mutsista ja
faijasta tehdään pilkkaa
Tää on järjen köyhyyttä
silkkaa.
Ihanteet on sitä
että oot koko nolla
No luovuta heti suosiolla
Oot just tollasena hyvä

Perspektiivi asioihin
turhan syvä
Kaikki lähtee siitä että
hyväksyt ittes tollasena ihan
Et oo muita huonompi
Ja rakkaus voittaa vihan.
Oo ylpeä siitä mitä oot
Maailmaa ei pyöritä
pelkät kuppikoot.
Tositeevee ohjelmat
Vääristää minäkuvan
Sun ei tarvi pyytää
et saisit luvan
Olla se mitä oot
Maailmaa ei pyöritä
koot eikä tuumat
Ihmispuumat.
Oot tärkee
Muista se
Omalla tavalla
elämäs etene.

LÄHIKAUPASSA
Kaupan tiskillä
nainen kääntyi
katsomaan mua päin
Mä sen silmissä
jotain hyvin särkynyttä
näin
Se pakkas Pilttipurkkeja
Siwan muovikassiin
pyöritellen päätä
Teki mieli kysyy
kepillä kokeilla jäätä
Et mikä on
miks oot sä noin lohduton.
En kuitenkaan kehdannut
Nainen alkas laskee kolikoita
Riittäköhän nää jos
ostaa viä leipää ja voita
Sitä se varmaan kelas
Ku kokonaista
kakskytä senttiä
pelikoneeseen pelas.
Se vaikutti
väsyneeltä kovin
Seiso siinä
paikallaan aikamoisen
tovin
Huokaillen syvään
Ku ois pidätelly kyyneleitä
Mä tiedän et joka junaan
on kyl meitä

Eikä sitä tiedä miten
raskasta sillä on
jos vaik sen lapsi on sairas
ja se on siks niin onneton
tai jos puoliso dokaa
mene ja tiedä
Tää elämä saattaa
meidät ihan minne
vaan viedä
Tekis mieli lohduttaa
mut en tiedä miten
Se voi loukkaantuu
Jos asiat ei ookkaan siten.
Ikuisiksi arvoitukseksi
tääkin siis jää
En saa koskaan tietää
mikä oli tänki
kohtalon määränpää
Useimmat meistä jää
niin tuntemattomiksi
ihan vaan kun meidät
kasvatetaan liian itsenäisiksi
Ettei oo jaloa pyytää apua
omin voimin vaan
ylemmäs
hierarkias kapua.
Liukuovet aukes
ja nainen lähti pois
monta kysymystä
mulla kyl sulle vielä ois
sait mut miettii tätä

kaikkee syvästi
sanoin mieles hiljaa
sulle hyvästi.

ADOPTIOLAPSI
Adoptiolasta isä hyväksi käytti
Kun paljasta sladdia sille näytti
Oikeudessa Isä kertoi
ettei ole tehnyt mitään
väärää
Tuossa se pikkupoika ympärillä
häärää.
Poika kertoi piiloleikeistä
joista Isä tykkäs
Ja mitä oudompii paikkoihin
se kätensä lykkäs
silloin kun löysi mut
-Mä lähetän takas sut, se sano
jos äidille kerrot tästä
tai lakkaat leikkimästä.
Sit ku kasvoin se kävi
mun mieles
Että kasvattikodis
kaikki oli pieles.
Sylissä mul öisin mun oma nalle
salakuuntelin miten
faija suunnitteli reissua
Pattayalle
Siellä hän auttaisi
kaikkia lapsia niitä
joille äidin aika ei riitä.
Onneksi ymmärsin
Mitä se mulle teki
Lastensuojelu puuttu
asiaa heti

sitten tuli poliisi
piti lekuriinkin mennä
Se nyt on varmaa
ettei faija hetkeen
Pattayalle lennä.
Oon käyny terapiassa
vuosikaudet
Ymmärtänyt kuka olen
kuka et
Et loppuelämän mus
on joku rikki
Eikä mun syntymä
ollu pelkkä vikatikki.
Mä inhosin itteeni
tosi pitkään
Mut nyt mua ei kaada
vaikeudet mitkään.

ISÄ MEIDÄN
Täysillä Paranoid aina
Ozzyn raina.
ISÄ MEIDÄN
Onneksi ei teidän
"Pyhitetty olkoon sinun nimesi."
Ei se ees muistanu omaa nimeään
Usein heräsin huutoon kimeään
Faijalla kauheet viekkarit
Sängyn yläpuolella unien siepparit
Pöydällä tramalit ja pamit
Päänsisäiset jamit.
-Voi hitto näitä tiloja
Ku lähtee kiloja.
"Tapahtukoon sinun tahtosi."
Kun faijaa rupes pännii
Se näytti meille miten vedetään rännii
Kohta se on taas jalkeilla
Vaik hiha alkaa jo halkeilla
Vielä yhet ja sit tää on loppu
Mut nyt on hoppu pakko saada lisää
pariin päivään ei näy taas isää.
"Anna meille tänä päivänä meidän
jokapäiväinen leipämme."
Eli gramma lisää
Onko kukaan nähnyt isää
Sanokaa terveisiä ku näätte
Pari tonnii tai orvoiksi jäätte
Sano velanperijä Saari
jonka käsissä faijan elinkaari.
"Ja anna meille meidän syntimme

anteeksi."
Kaikki menee mikä mielletään ranteeksi
Hivit hepatiitit
Tuo ruisku..jos viitit.
"Äläkä saata meitä kiusaukseen
vaan päästä meidät pahasta."
Huumeissa kyse on vain pelkästä rahasta
Mutsipuoli antoi grammasta seksiä
Jos et maksanu tuli päin pleksiä
Hima oli huumeluukku pahimmasta päästä
Likainen ruisku no sekin säästä
Sille randomille äijälle joka
sohvalla aina tajuttomana makaa
Ja jota kytät ajaa aina takaa
Sillä kestää viikko tulla tripiltä
Ei ihme jos se vaikuttaa sipiltä.
"Sillä sinun on valtakunta ja
voima ja kunnia iankaikkisesti.Aamen."
Kohta piri valloittaa saamen.
Faija överit veti
Ei toivoo kuoli heti
Mä sain uuden perheen
Valkeakoskelta
Muista varoo tai nenä
löytyy poskelta
Sen faija opetti
Enneku tahtomattaan
elämänsä lopetti
Mä muistan sut röökin hajusta
Hyvästä huumorintajusta.
Amen.

PYHIMYS
Tiedän etten osaa
kuten Pyhimys
mut tää on hyvä yritys
Teen biisit ihan eri syistä
Ja ne kertoo nepsyistä.
Oon erakoitunu
Ei oo ketään
kenen luona kävisin
Olo joskus
Et jotain hävisin
Kun muut tulee menee
Hauskaa pitää
Tuntuu
Et ei oo omaa
aikaa mitää.
Frendi soittaa:
-Tuu messiin
Sut meillä kylässä käytän
Ei kiitos
elämäni värityskirjaa himassa täytän.
Aikakapselissa taaksepäin matkaan
Joku sanois et lähdin
vastuuta hatkaan
Pakenen todellisuutta
Mikään kestä ei ikuisuutta
Hukkaat elämäsi vaan
Mitä sit jos
sohvalla kaiken irti saan.
Elämä on kun Buttonin kello

Vaik lupaan etten enää mennessä vello
Sitä teen
Upota mut veteen
Näen pinnan
Tää apatia maksaa mulle
kalliin hinnan.
Feeniks lintu nousi tuhkasta
mut mun kuplaa on vaikeampi
puhkasta
On tytär vahvasti keloissani
Ja siks oon niin hiton peloissani.
Miten sille käy
Kun joka sekunti sitä ei näy
Entäs sit ku mua ei oo täällä
Kuka kattoo et sillä on
lämmintä päällä?
Vedet silmis joka
Aamu näitä partsilla mietin
Kuinka ihania hetkiä
Sun kanssas vietin
Mä toivon että tää
Olis ikuista
Ettei mun koskaan
tarvi luopua susta.
Mulla on oikeesti
tosi paha olla
Kun saisin varmuuden
et oisin enkelinä sun katolla
En kärpäsenä siis
vastaa pliis

enkeli tai isä taivaan
Tää asia alkas mua vaivaan
Heti kun sä synnyit meille
Etten mee ihan hakoteille
Mä lupasin susta huolta pitää
Vaik en isyydestä tienny
oikein mitään.
Mut mä luotan et sun
mukana oon
Et voit aina turvautua
mun näkymättömään
kainaloon
Mä uskon että
rakkaus tekee
toiveista totta
Et sadan vuoden päästä
Oon yhä kirkon rotta
Sä juokset piiloon
mun sydämen taa
Enkä koskaan susta
tarpeekseni saa.

HERRA KÄDELLÄSI
"Onneni on olla
Herraa lähellä
Turvata voin yksin Jumalaan."
Sä oot niin pieni ja suloinen
Oon eittämättä vähä alakuloinen
Kun mä pelkään miten sun
täällä käy
ku parempaa huomista ei viäkään näy
Kun en oo täällä pitää sun puolia
Se tuottaa mulle niin paljo huolia
Sä oot niin söpö
sun seuras musta tulee höpö
Vaik oon muuten olemukseltani
ankee
liikkeiltäni jo vähä kankee
mut sen tekee tää ikä
Ei auta vaik tekee mitä
mut älä sinä siitä huoli
Tää on vasta elämäni
toinen puoli.
"Onneni on olla
Herraa lähellä,
Tahdon laulaa hänen teoistaan."
Mut sulla on kaikki viä edes
Kuravaatteet tulee puhtaaks
haalees vedes
Perhosten perässä juokse
suoraan äidin luokse.
"Onneni on olla
Herraa lähellä

Turvata voin yksin Jumalaan."
Mä silitän sun päätä
et nukahdat uneen
ehkä jätän sulle
muiston haalistuneen
että rakastin sua
koko elämäni verran
kenties palataan
viel yhteen kerran.
"Onneni on olla
Herraa lähellä,
Tahdon laulaa hänen teoistaan."
Joskus äiti kertoo
isin syövästä sulle
Oon pahoillani
et se sattui just mulle
Olisin niin kovasti halunnu
sun kanssa olla vielä täällä
luistimet jalas koulun jäällä
metsissä uimassa ihan
mis vaan
Älä murehdi
Kyl me viä tavataan.
"Onneni on olla
Herraa lähellä
Turvata voin yksin Jumalaan."
Sä nukahdit
kyynel poskeltas vierähti
Toiselle kyljelle kierähti
näitkö äidille supisen
Rakastan sua

viä itsekseni jupisen.
Mä silitän sun päätä
et nukahdat uneen
ehkä jätän sulle
muiston haalistuneen
että rakastin sua
koko elämäni verran
kenties palataan
viel yhteen kerran.
"Onneni on olla
Herraa lähellä,
Tahdon laulaa hänen teoistaan."

Jimi (Mikille)
Sä sanoit:
-Mun poika tänään hukkui
Pelastushelikopterissa pois nukkui
Se oli vasta kaks.
Mun kurkkua kuristaa
vetää sanattomaks.
Sä kysyt:
-Voiks hoitaa mun koiraa tän yön?
Haluun olla hetken yksin
tehdä surutyön.
-Okei, mut ethän
tee itelles mitään tyhmää?
Soitanko apua?Tarvit jotai kriisiryhmää.
Pelkään jättää sua yksin, tajuu kai
Päivä niin kirkas surupilvet seuraksi sai.
-En mä mitään semmosta tee.
Ota toi dogi ja vaik lenkille mee.
Vuosia meni
ja mä kelaan tätä yhä
Kuinkas sattui, on joulupyhä
Katselen ikkunasta, frendiä mietin
Miten silloin sen koiran kanssa
unettoman yön vietin.
Yks lintu oksalla
tuijottaa mua pitkään
Suljen hetkeks silmät
Onko se siellä sitkään?
On se, onko toi lintu siitä biisistä?
Joka tytölle antoi kiitoksen
jyvistä ja riisistä.

Varpunen jouluaamuna
Armon lahjana saatuna.
Se on matkalla sun luo Mikki
Se tietää miten oot jouluisin
aina niin rikki.
Se haluu että unohdat surun
että antaisit sille leivänmurun
Sillä tiedä, sun sydämessä
sillä pesä on
etkä milloinkaan oo sä rakkaudeton.

Sulle mulle
Onko väliä mitä kuuluu sulle
Isä ja äiti eroo
Eikä ne ymmärrä pikku Teroo
Joka on leikeissään pään sisällä
Et joka toinen viikonloppu
oot nyt sit isällä.
Sulla on kaks kotia nyt
Jotakin sun sydämestä on lähtenyt
Äiti on äiti ja isä aina Isä
Nyt riidellään siitä kenelle kuuluu lapsilisä.
Oot Isä luona ja
Äiti sanoo heipat
Et osaa ässää
Vastaat: oon reipat
Ovi sulkeutuu tulee paha olla
Eikö ne vois sopia suosiolla
Tää on outo olo tekee mieli itkee
Äiti lähti ja ikävä on sitkee
En saa nukutuksi vaik
isä viekussa ihan
Katse vaeltaa yli takapihan
Miten hetki sitten oltiin
vielä yhdessä puistossa
Nyt kaikki se on vain mun
pelkässä muistossa.
Äidin luona katson
parvekkeelta ulos
Täs on yhden lapsuuden tulos
Jalkapallo kädessä
Yritän näyttää iloselta

Pilttiposkelta siloselta
vaik mulla on ikävä isää
Hei Joulupukki
Toivon vain yhteistä aikaa lisää
Et oltais koko perhe yhdessä vielä
Eikä sulla isä ois kurjaa yksinäistä
sielä.

ALKKIS
Perjantai
saunapäivä
Lapset kylpee
Faija kääntää sohvalla
kylkee
vaihtaa kanavaa telkkarista.
No johan on helkkarista
se ragee
jääkaapista
vodkaa hakee.
Laita muksut maate
Faija määrää
Kun mutsi lettuja
kcittiös häärää
Tuu sit juttelee
mun kaa vielä
Mikä vittu sulla
kestää sielä.
Faija kehuu itteensä
minkä ehtii
Että nuorempana
Seki pääsi lehtiin.
Kaataa vodkaa lisää
muistelee omaa isää
Miten kova äijä se vasta
teki ainaki kakskytä lasta.
Mutsi pelkää jokaista
viinalla täytettyä mukia
Paljonkohan on jäljellä
asumistukia

ku Faija kaikki juo
Eikä fyrkkaa juuri tuo.
Faija humaltuu ja mutsia
nyrkillä lyö
On miltei keski-yö
kuuluu itkua
vittu mitä litkua Faija sanoo
Matolla verta
Eikä tää ollut
eka kerta.
Mutsi makaa lattialla itkien
Faijan yö jatkuu viinaa litkien
Anna anteeks
En tiedä mikä muhun meni
Faija noitui
Että tilanne näin eskalotui
Anna pusu jooko kulta
Saanko anteeks sulta
Miks sä puhut monta tuntii
sun kaverin kaa
Mä ees puheenvuoroa saa
Vitun ämmä
Etkä soita sinne turvakotiin taas
Itke sinne et on mieli maas.
-Mä otan lapset mukaan
Sua ei auta kukaan
mutsi sanoi.
Mut ei se uskaltanut lähteä
taaskaa
Elämäänsä haaskaa.
Koskahan tää lakkaa

ku Faija vaan hakkaa.
Viimein Faija sammu
telkkarin ääreen
Mutsi käpertyi kiinni
lapsen sääreen
Pelkäsi taas huomista
faijan älytöntä juomista.

HYSTERIA
Joka aamu herään
Sytytän tupakan
Mielessäni käyn
yksinpuhelu jupakan:
Meri hukkuu paskaan
Sademetsät hakataan
Roskapussit kadulle
siitä huolimatta yhä vain nakataan.
En koe että mun duunista
ois hyötyy ympäristön tilaan
Elämäntavoillani vaan
kaiken pilaan
En tee mitään
Ilmastonmuutosta ku mietin
En mitään vaikka
hetkii muovimerellä vietin.
Sitä se on länsimainen duuni
Jokainen ihminen on järjestelmän
sulatusuuni.
Isoveli valvoo
pitää tehokkuutta lisätä
Kun kellokortin leimaat
sä kuolet joka kerta vähä sisältä.
Miksi siis tehdä tänne lapsia
Siitä tulee vaan kahnaa
Kun skidi muistuttaaki
radioaktiivista lahnaa
Hip hei on ympäristömyrkkyjä
viljapeltoon saatu
Viime kesän sato

sekin sitten maatu.
Tää on johtanu siihen
et mul on jatkuva depis
Ei koko jutus oo porkkanaa ku
kaikki pelko karttakepis
Meitä kusetetaan
oikein huolella
vaik vika on
aina kolikon
kääntöpuolella.
Ei oo hätää
massipäälliköt sanoo
Samalla kun paikkaa
kuulennolle anoo.

SUVIPÄIVÄ
Pihakoivun alla
Kuorin sankoon perunoita
sekaan lisään ahvenoita
Juomaveden kaivosta saan
Käyn saunapuita sahaamaan.
Aurinko paistaa
On iho vereslihalla
kun pystykorva
haukkuu takapihalla
Järvellä tyynellä soudan
Verkot vedestä noudan.
Laiturilla varpaita kipristellen
Elämän arvoituksia ihmetellen
Sydämeni tänne aina halajaa
Muistoissa rakkaissa palajaa.
Täällä syttyi myöskin lempi
Hetken vain hän empi
Kun kosin häntä kedon kukkasin
Pelko et tilaisuuden hukkasin
Kun ujo olen luonteeltani
Turhaan:
Hän seisoo tukenani.
On sitä toistakymmentä kesää jo
Vaan yhä hän on puoliso
On elämä niin lyhyt
kuten suvikin
Riemu kestää hetken
niinkuin huvikin.